HAIKUS

Eduardo Palop

ISBN: 978-84-9916-907-1
DL: M-33193-2010
Impreso en España / Printed in Spain
Impreso por Bubok Publishing

A las páginas en blanco.

Piso la tierra

Y ella me da de comer.

Pisadla suave.

Trigo sereno

Pues soy yo el que se agita;

Engaño banal.

Fin del sendero,

El caminar fue vivo

Savia al andador.

Ser vivo encinta.

El sol no discrimina,

Todos somos sol.

Naturaleza,

Joven y vieja a la vez

Siempre encendida.

Naturaleza:

El poder te lo otorga

Tu persistencia.

Antes de luchar

Perdón al enemigo;

Llaga en el gesto.

Silencio vivo

El silencio vegetal.

Postura clave.

Primavera, ya;

Múltiples nacimientos

Revienta el drama.

Antes el niño,

Joven, apuesto y luego,

Mando y destino.

Voz que abre el pecho,

Palabra plena en verdad,

Palabra regia.

Aún bajo el yugo y,

Largo camino presa

El agua es nube.

Piedras altivas,

Ejército de hierba,

Agua en el mando.

Me llaman hombre

Y a la razón venero

Para ser tierra.

Arar la tierra,

Buscar el alimento

Mascar la vida.

El Universo:

El comienzo y el final

Siempre con velo.

Niño no pía,

Hoja jamás sonríe.

Funciones claras.

Con luz y sin luz

La cueva existe firme,

Puesta en su lugar.

Sanar y enfermar

Para dormir el alma,

Y despertarla.

Gira el invierno,

Verás que es el verano

Entristecido.

Árbol y rama,

Brazo pegado a tronco,

Suerte de amistad.

Ya doblo al dolor,

Amarga mueca amiga,

Harto enemigo.

Salud, bienestar,

Presentes de riqueza

Rara de palpar.

Transcurso del sí

Durante el día y la noche;

El no es la pena.

Agua en la tierra,

Tierra en el mar y el lodo,

Sed en la tierra.

Luna, sol, agua

Viento, oscuridad, fuego:

Todos en la piel.

Luz a dos manos

Al abrirnos los ojos:

Imagen brava.

Razón la vida,

Y compartiendo un todo,

Razón la muerte.

Toda batalla,

Comienza con tristeza,

¡Parad ya el valor..!

Animal hombre,

Como el animal miedo,

Liviano y mortal.

Llorar y reír,

Del árbol de la vida,

Humanas ramas.

Razón la vida,

Capricho en la fortuna,

Razón la muerte.

Motín del niño

A la vida ordenada.

La fuerza gana.

Pobre religión

Que al bravo hombre no dobla.

Vacuna estéril.

Sabio si callo

Guerrero si razono:

Verdad me espera.

Dedos en mano,

Ojos todos en cara,

Cordura en mente.

Actos burlados

Con una mano u otra;

Huellas fugaces.

Ríos a la mar.

Luz en piel y no al revés,

Verdad es firme.

El cuerpo siente,

Si el alma lo permite,

Siente muy claro.

Reír y reír

Música y letra en par,

Vida con guinda.

Se mueve el tiempo,

Entre nacido y muerto.

Horas sin tono.

Armas al revés,

Hay bien en lugar de mal,

Muerte a sí mismas.

Gran Universo;

Poco aire que respirar,

Poca humanidad.

Amar consume,

La vida se acorta,

Ratos eternos.

La vida es vulgar,

Vulgar también el hombre.

¡Divina muerte..!

Arar la tierra

Buscando el alimento:

Silbar los surcos.

Herencia el trigo,

Calmar la sed y el hambre;

Dar tú lo mismo.

El tiempo apresa

Horas y años a la vez.

No hay esquinas.

Dar gran limosna

Convierte al recibido:

Efímero rey.

La crisálida

Espera el turno de luz:

Más que una espera.

El verso rueda,

Su sentido es muy claro,

¡Aplauso, loa..!

Yo tengo historia,

Mi lapicero también:

Seamos justos...

Átona la voz,

Tilde en la amarga risa:

Quejido feliz.

Desierto alegre.

La tierra no es humana.

Desierto triste.

Subir el rostro,

Perdón al enemigo,

Mano horizontal.

Harapos puestos,

Sudando languidecen,

Presencia opaca.

Con todo el saber

La ignorancia repite.

No saber gana.

Tensar el amor,

Abrirse generoso,

Sobar el oro.

El latido va,

Corazón y cabeza,

El latido va.

Comienza el día,

Su impulso es delicado.

Noche advertida.

Palabra y gesto,

Silencio y emociones.

Mejor miradas.

Alto y más joven

Y con el tiempo anciano.

Muerte elevada.

Quieto en el día.

Vida en desazón fatal,

Quieto en la noche.

Eco en la cueva,

Palabra hacia los nortes,

La voz habita.

Odiar y no amar,

Vivir en la entresala,

Coger sin pedir.

www.ingramcontent.com/pod-product-compliance
Lightning Source LLC
LaVergne TN
LVHW010432230826
846092LV00009BA/1137

* 9 7 8 8 4 9 9 1 6 9 0 7 1 *